अब मुझको सो जाने दो

कविता संग्रह

विवेक कुमार

यह कृति माता रानी के चरणों में समर्पित है

क्रम-सूची

भूमिका

कविता किस विषय पर लिखी जायेगी, यह निश्चित करना अत्यंत कठिन कार्य है क्योंकि अधिकतर कविताएँ अनायास ही रची जाती हैं । निबंध या लेख की तरह इसके लिए तथ्य जानकारी जुटाने हेतु किसी शोध की आवश्यकता नहीं होती है । जब शब्द जुड़ते हुए एक अर्थपूर्ण रूप लेने लगें और पंक्तियों का सौंदर्य व प्रवाह आपका ध्यान खींच ले तो मान लेना चाहिए कि काव्य लेखन प्रारंभ हो गया है ।

प्रथम कविता संग्रह ' सब मंगल हो ' से मेरा कवि जीवन प्रारंभ हुआ और सृजन की यह यात्रा दूसरे कविता संग्रह ' अब मुझको सो जाने दो ' पर आ पहुँची है । इस कविता संग्रह में विविध विषयों पर रचित कविताओं का समावेश है । ' विभाजन ' कविता में देश के बंटवारे से जुड़ी त्रासदी व पीड़ा का भावपूर्ण वर्णन है | महाभारत के गौण पात्र ' एकलव्य ' की कथा का काव्य रूप में रोचक चित्रण किया गया है । आज भी अर्जुन को शीर्ष पर लाने के लिए एकलव्य की प्रतिभा का दमन जारी है, यही इस रचना का मूल संदेश है ।

भक्ति व आध्यात्मिक भावों से जुड़ी कविता ' माँ ' में माता की शक्ति को नमन है । भगवान श्री कृष्ण के जीवन व महानता को प्रदर्शित करती दो रचनाएँ ' कृष्ण ' व ' कान्हा ' संग्रह का भाग हैं । सभी कर्म प्रभु के चरणों में अर्पण का भाव ' अर्पित ' में समाहित है ।

शीर्षक कविता ' **अब मुझको सो जाने दो** ' जीवन के यथार्थ, निराशा, वेदना व आकुलता को समेटे है, वहीं ' **साथ निभाऊंगा** ' में बिछुड़े साथी का अपने प्रेमी के प्रति अथाह प्रेम व पीड़ा दर्शाई गई है । '**संयम**' , '**जीवन साधना** ' व '**जहर** ' जैसी रचनाएँ जीवन शैली को नियंत्रित व संयमित रखने का संदेश दे रहीं हैं ।

हिंदी भाषा के महत्व व महानता को रेखांकित करती रोचक व प्रभावशाली कविता ' **हिन्दी** ' व जीवन में संबल प्रदान करने वाले सभी लोगों को समर्पित रचना ' **नमन** ' इस संग्रह को विविधता प्रदान करती है । अंधकार व निराशा को मिटाकर जीवन में इक दीप प्रज्ज्वलित करने की प्रेरणा देती कविता '**इक दीप जगे** ' आशावादी भावों का प्रतीक है । जीवन के विविध आयामों व पक्षों को वर्णित करती 100 क्षणिकाओं को ' **सौ रंग जीवन के** ' शीर्षक के अंतर्गत संकलित किया गया है | यह क्षणिकाएँ जीवन के इंद्रधनुषी रंगों को प्रभावी ढंग से दर्शाती हैं ।

अब मुझको सो जाने दो..... कविता संग्रह विविध रंगों व मनोभावों में डूबी कविताओं का गुलदस्ता है । कविताओं की भाषा सहज व सरल है , जिससे इन्हें आसानी से आत्मसात कर, निहित अर्थ व गहराई को अनुभव किया जा सके । संग्रह में हर पाठक के लिए एक कविता जरूर मिलेगी जिसके विषय से वह अपने को जोड़ सके ।

विवेक कुमार
जनवरी २०२२

1. गुरु

कला संवारे, ज्ञान निखारे
गढ़े रूप नव ..... गुरु वही है
जीवन की, श्रम सदाचार से
भरे नींव जो...... गुरु वही है

रहे धरा से, जुडा हुआ खुद
शिष्य उडे नभ.....गुरु वही है
कपट व छल की पगडंडी से
हमें बचा ले...... गुरु वही है

सींच के अंकुर, अनुभव से जो
वृक्ष बना दे .... गुरु वही है
जो धातु को, स्वर्ण प्रभा दे
मूल्य बढ़ा दे ..... गुरु वही है

शील गुणों को,आत्मसात कर
बने उदाहरण..... गुरु वही है
भ्रम,शंका और संशय का जो
करे निवारण ......गुरु वही है

हारे दिल में, नई आस का
रवि उगा दे .... गुरु वही है
करे दूर जो, भ्रम जीवन का
दिशा दिखा दे.....गुरु वही है

2. अर्पित

किए सभी जो, कर्म....वो अर्पित
करूँ मैं जो भी, यत्न...वो अर्पित

जीवन के सब, स्वप्न.... हैं अर्पित
धूप छाँव के, रंग .... हैं अर्पित

तुच्छ मेरा, अभिमान.....है अर्पित
जो पाया सब, ज्ञान...... है अर्पित

जीवन के, उल्लास..... हैं अर्पित
रही अधूरी, आस ......वो अर्पित

अधर खिली, मुस्कान....है अर्पित
काया में जो, प्राण ....वो अर्पित

सुबह और ये, शाम..... है अर्पित
द्वेष लोभ और, काम....है अर्पित

अपनों का सब, प्यार.... है अर्पित
कंठ विजय का, हार......है अर्पित

मूल-शाख,फल-फूल.....है अर्पित
अनजानी हर,भूल........ है अर्पित

रक्त घुली हर, श्वास......है अर्पित
अंत बची जो, राख......वो अर्पित

जन्म-मरण,सुख-दुख...हैं अर्पित
चरणों में तेरे ....सब अर्पित

3. हिंदी

झील सी गहरी
चंद्र सी शीतल
दीप्त सूर्य सी
पंख सी कोमल ....ये हिंदी है

बहे लहर सी
उ पतंग सी
गगन सी नीली
नयन सी गीली ....ये हिंदी है

खिली धूप सी
जगी दीप सी
मंद पवन सी
जल तरंग सी .... ये हिंदी है

छांव घनी सी
नई सुबह सी
सजी सी दुल्हन
प्रेम भरा मन ... ये हिंदी है

सुबह सी निखरी
सांझ सी संवरी
धवल क्षीर सी
स्निग्ध चन्द्र सी .... ये हिंदी है

लहर सी चंचल
स्थिर पर्वत सी
मलिन से जल में
खिली कमल सी ... ये हिंदी है

शब्द भजन की
कली सुमन की
आशा मन की
लाज नयन की .....ये हिंदी है

गूंज शंख सी
मौन संत सी
कहीं गीत सी
कहीं कहानी ....ये हिंदी है

4. नमन

नमन है,मात पिता को, जिनसे
काया,गुण व प्राण मिले
गोद मिली इक स्नेह भरी,और
जीवन भर की,छांव मिले

नमन है,उन गुरुओं को,जिनसे
ग्रंथों का सब ज्ञान मिले
आत्मसात हो विद्या,तब ही
जीवन में सम्मान मिले

नमन है,उन मित्रों को,जिनकी
गाली भी सम्मान लगे
दोस्त पुराने,जब मिल बैठे
धूप भी,ठंडी छांव लगे

नमन है,उन रिश्तों को,जिनका
हर मौसम में साथ रहे
चांद हो,या फिर रात अमावस
मन उनका,सम भाव रहे

नमन है,उस साथी को,जिससे
जीवन को नवआयाम मिले
बंधे डोर,इक दूजे से तो
उसको,मेरा नाम मिले

नमन है,उस शक्ति को,जिससे
जीवन में कल्याण मिले
भाव हों,श्रद्धा से अर्पित तब
हर दुख को,विराम मिले

नमन है,उस भक्ति को,जिससे
मन को,कुछ विश्राम मिले
झांक सके जो,भीतर अपने
उसको ही भगवान मिले

5. माँ

(1)
नौ दिन की ये साधना
मन शक्ति भर जाए
भय-शंका सारी मिटे
सुख-वैभव घर आए

(2)
सुबह की नव किरणों के जैसे
माँ उजियारा लायेगी
पाप के गहरे,अंधकार में
पावन ज्योत जगायेगी

(3)
संगम तीन शक्तियों का ये
सत्य को विजय दिलाएगा
सच्ची श्रद्धा जो पूजेगा
हर विपदा तर जाएगा

(4)
माँ जग का कल्याण करे
और भक्तों के संताप हरे
जब दुष्ट लांघ दे मर्यादा
ले खड्ग पाप संहार करे

(5)
अन्याय सबल कितना भी हो
हर दुष्ट अंत को पाता है
अम्बे जब सिंह सवार हुई
महिषासुर भी थर्राता है

(6)
अश्रु से धोकर मलिन हृदय
मन पावन जब ले आओगे
झोली भर के वरदानो से
माँ के द्वारे से जाओगे

(7)
तुम ढोंग रचालो कितने भी
माँ तो भावों को पहचाने
जो हृदय शुद्ध लेकर आए
उसको ही मां अपना माने

(8)
नभ को छूते,ऊंचे पर्वत
माँ ने दरबार सजाया है
सब माया है ये माता की
कहीं धूप,कहीं पे साया है

6. इक दीप जगे

इक दीप जगे ' आशाओं ' का
अवसाद हृदय का मिट जाये
सपनों को फिर से पंख लगें
मन, नभ छूने को उड़ जाये

इक दीप हो ' करूणा ' का जगमग
पर पीड़ा मन न हर्षाए
अश्रु, औरों की आंखों के
दिल को, अपने भी पिघलाए

इक दीप ' क्षमा ' का हो जगमग
और द्वेष रहित, मन हो जाये
भूले अपनों की बिसरा दें
हर गाँठ हृदय की खुल जाए

इक दीप ' दान ' का हो जगमग
दुखियों को संबल मिल जाए
न रहे मोह, जब संचय का
धन, पुण्य का साधन बन जाए

इक दीप ' स्वास्थ्य ' का हो जगमग
हर सुख को अनुभव कर पाए
तन भोग सके सब खुशियों को
जीवन, रंगों से भर जाए

इक दीप ' प्रेम ' का हो जगमग
रंगों से जीवन सज जाए
जो बंधे प्रीत की डोरी से
वो बंधन तोड़ न जा पाएं

इक दीप ' ज्ञान ' का हो जगमग
भ्रम बुद्धि का, सब मिट जाए
पथ जीवन का हो आलोकित
तब ध्यान लक्ष्य पर टिक पाए

इक दीप हो जगमग ' भक्ति ' का
चरणों में मस्तक झुक जाए
सब हो अर्पित जब शक्ति को
तब दंभ से हम मुक्ति पाएं

' संतोष ' का दीपक हो जगमग
जो मिला उसी में सुख पाएं
मन को, में चैन मिले
फंस लोभ में, फिर न पछताए

इक दीप जगे ' मर्यादा ' का
व्यवहार संयमित हो जाये
गरिमा का साथ नहीं छूटे
न मन, उच्छृंखल हो पाये

7. कृष्ण

कृष्ण गुरु है, कृष्ण सखा है
संग भक्त जो, सदा खड़ा है

कृष्ण है प्रज्ञा, कृष्ण मर्म है
इतर कृष्ण से, नहीं धर्म है

कृष्ण ही रस और कृष्ण रास है
भक्त हृदय में बसी आस हैं

कृष्ण सृजन व कृष्ण संहार है
झूमे धरती वो बहार है

कृष्ण मधु व कृष्ण पराग है
मोह भी है और वीतराग है

कृष्ण रूप है, कृष्ण है दर्पण
चरणों में हो सब कुछ अर्पण

कृष्ण है गीता, कृष्ण ज्ञान है
भक्त का रखते सदा मान है

कृष्ण है केशव, कृष्ण कन्हैया
बंशी, मोर, पंख और गैया

कृष्ण विरह और कृष्ण मिलन है
खिलें जो मन में, वही सुमन है

कृष्ण योग और कृष्ण विलास है
प्राण बसे वो, मधुर श्वास है

कृष्ण सभी में,सभी कृष्ण में
सूक्ष्म अणु , सृष्टि विराट है

8. अब मुझको सो जाने दो

होंठ सब्र ने, सिले हुए थे
सब कुछ,अब कह जाने दो
बंधन सारे, तोड़ के पंछी
दूर गगन, उड़ जाने दो

संग मुझे क्या, ले जाना है
पाया सब, खो जाने दो
सांसों की बढ़ती हलचल को
अब थोड़ा, थम जाने दो

दिल में हैं जो, रंज औ शिकवे
आंसू संग, बह जाने दो
खाली हाथों, कोरे दिल से
नये सफर पर जाने दो

रहीं है जो भी, आस अधूरी
दफन उन्हैं, हो जाने दो
न चाहूँ, मैं भोर नई इक
अब मुझको,सो जाने दो

तपती धरती नभ को देखें
बूंद बरस कुछ आने दो
काया के पिंजरे से मेरे
प्राण मुक्त हो जाने दो

सांझ ढली और तारे चमके
तम को अब गहराने दो
किरणें आंखे खोल न पाए
अब मुझको,सो जाने दो

9. जीवन साधना

कठिन बड़ी
जीवन की साधना

पूर्ण न हो
सब स्वप्न कामना

सीमाओं को
नहीं लांघना

तृष्णाओ को
पड़े बांधना

मन भटके को
तुम्हें थामना

संघर्षों में
लक्ष्य साधना

प्रेम छिपी है
क्रूर यातना

अंत सत्य से
हुआ सामना

10. एकलव्य

वन का वासी, वो निषाद था
बल निश्चय भी,उसके साथ था
प्रतिभाशाली वीर धनुर्धर
धूल ढके समान था

गुरु बिना है ज्ञान अधूरा
द्रोण मिले तब लक्ष्य हो पूरा
सोच के वो आश्रम आ पहुचां
नतमस्तक हो द्रोण को पूजा

शिष्य क्षत्रिय ही बन पाए
विद्या न तुमको मिल पाए
सुनकर यह बालक ने ठाना
मानस गुरु द्रोण को माना

माटी की मूरत गढ़ कर फिर
किया अनवरत जब अभ्यास
तीक्ष्ण हुए अब बाण भी उसके
भेद सके धरती आकाश

आश्रम के ही श्वान ने इक दिन
शोर मचा, डाला व्यवधान
बाणों से मुख ऐसे बींधा
रक्त गिरे न जाए प्राण

श्वान लौट जब आश्रम आया
मुख से कुछ भी बोल न पाया
द्रोण से अर्जुन ने तब पूछा
मुझसे क्यों ये ज्ञान छिपाया

बाण देख गुरु हुए अचंभित
पूछा विद्या कहाँ से पाई
देखी जब अपनी ही मूरत
याद गुरु दक्षिणा आई

काट अंगूठा भेंट चढ़ाया
और गुरु का ऋण चुक आया
शिष्य मेरा ही श्रेष्ठ बनेगा
सोच द्रोण का मन हर्षाया

प्रतिद्वंद्वी का दमन किया
अर्जुन का तब उदय हुआ
वंचित करके एकलव्य को
द्रोण शिष्य था अमर हुआ

प्रभु की ही लीला थी कोई
या गुरु की यह चतुराई थी
वीर धनुर्धर की यश गाथा
सिमट के अंत को पाई थी

विद्या बांटे ही बढती है
कथन नहीं यह सत्य हुआ
गुरु ने विद्या दान नहीं की
अंग शिष्य का भंग हुआ

कपट यही अब भी जारी है
योग्य भीड़ में खो जाता है
प्रतिभाहीन शिखर पर चढ़कर
नाम प्रसिद्धि सुख पाता है

11. आपा धापी

न सोना है
न चांदी है
कुछ फूल हैं बस
और पाती है

ये किसने रंग
बिखेरे हैं
ये महक
कहाँ से आती है

करके श्रृंगार
यूँ पुष्पों से
बन दुल्हन
धरा लजाती है

यही अर्जन है
बस जीवन का
जो बची
वो आपा धापी है

12. साथ निभाऊंगा

क्यों है उदास,ये मन तेरा
संग तेरे मैं,आ जाऊंगा
हो डगर कठिन चाहे जितनी
हर कदम से कदम मिलाऊँगा

हूँ आज धरा पे नहीं तो क्या
बन तारा नभ मुस्काऊंगा
बूंदें बनकर बरसूंगा जब
मन तेरा बुझा खिलाऊंगा

लौ जीवन की,जो मंद हुई
भर खुशियाँ इसे जगाऊंगा
आलोकित कर जीवन तेरा
तम मन का तेरे मिटाऊँगा

मन तेरा विरह यातना के
यूँ ताप में,न जलता जाये
मैं घटा बादलों की बनकर
जल शीतल बन गिर जायूँगा

आंधी ये धूल भरी देखो
संग चली उड़ा के कलियों को
मैं गूंथ के माला पुष्पों की
वेणी पर तेरी सजाऊंगा

जो होंठ है,तूने सिले हुए
बन शब्द,मैं मौन मिटाऊँगा
इस सांझ उदासी वाली को
रंगों से पुनः सजाऊंगा

तुमको,कर्मो व शब्दों से
जब दुख देंगे,दुनिया वाले
नयनों का मैं काजल बनकर
सारी पीड़ा पी जाऊंगा

यूँ त्याग के रूप श्रृंगार को तुम
इन रंगों से क्यों डरती हो
इस सूखी बंजर धरती को
फिर हरा भरा कर जाऊंगा

इस विरह वेदना से व्याकुल
जब मनवा चैन नहीं पाए
बनकर मैं सब्र,तेरे मन का
सपनों में आ,बस जाऊंगा

काली रातों इन अंखियो में
जब नींद ठहर न पायेगी
मैं नभ का इक तारा बनकर
मन चंचल को बहलाऊँगा

ये मुख तेरा,मुरझाया सा
जो राह किसी की तकता है
मैं कदमों की आहट से फिर
ये घर आंगन चहकाऊंगा

मेरी काया तो नश्वर थी
न रही तो,इसका दुख मत कर
मैं अब,तेरा साया बनकर
हर मोड़ पे साथ निभाऊंगा

13. संयम

भोजन में संयम धरा
तन को स्वस्थ बनाए

सांसो का संयम हमें
जीवन दीर्घ दिलाए

तृष्णा संयम जो किया
दुख मन पर न छाए

वाणी का संयम हमें
सुख की राह दिखाए

कर्मो का संयम धरा
पथ से न भटकाए

संयम भावों का करें
स्थिर प्रज्ञा हो जाए

जीवन में संयम हमें
मंजिल तक पहुँचाये

संयम से ही भक्त को
प्रभु कृपा मिल पाए

संयम से ही भक्त को
प्रभु कृपा मिल पाए

14. मझधार

दिल बोले,चल नीड़ बना ले
थाम ये हलचल, सो जायें
उन तारों तक पहुँचे बच्चे
जिनको हम न छू पाए

सजा है,अनुभव से ये जीवन
श्रृंगार नहीं अब भाता है
यादें संग चले साया बन
मन डूबा गहरे जाता है

जीवन के इस मझधारे में
होगा पाटों बीच गमन
जितना दूर चले यौवन से
उतना प्रौढ़ हुआ ये मन

भोग से ये मन ऊब गया
पर भक्ति में न रम पाया
कौन दिशा जाना है हमको
ये निश्चय न कर पाया

मन की तृष्णा,तृप्त हुई
और लहर,उमंगो की ठहरी
रंग चटक भी,धुंधलाए अब
सांझ बनी ये दुपहरी

रंग के मेंहदी से,केशों को
दर्पण को क्यों झुठलाना
योग-ध्यान-भक्ति-संयम से
अब जीवन जीते जाना

गति श्वास की रूकती है जब
धड़कन,रेखा बन जाती
जो कहना है आज ही कह दो
उम्र नहीं ये फिर आती

बीत चुकी है उम्र बहुत
और शेष बची,अब थोड़ी सी
स्वप्न हुए है पूर्ण,मगर
कुछ आस रही,अधूरी सी

संघर्षों पर विजय पाई फिर
ये पड़ाव भी आया है
समर शेष है,बहुत अभी भी
जब तक तेरी,काया है

15. कान्हा

(1)
कोख देवकी के जन्में और
गोद यशोदा खेले थे
गोकुल के सब ग्वाले गैया
कान्हा बिन अकेले थे

(2)
कंस,जरासंघ और पूतना
असुरों का संहार किया
रास रचाया गोकुल में
भक्तों से सच्चा प्यार किया

(3)
प्रेम बंधे राधा के,फिर खुद
विरह भाव स्वीकारा था
बन निर्मोही,रची कथा इक
प्रेम न जिसमें हारा था

(4)
कंस मुक्त मथुरा को करके
विजय,धर्म ने पाई थी
छोड़ के गोकुल को,जब निकले
हर नयन,आज भर आई थी

(5)

धर्म युद्ध में बने सारथी
भ्रम अर्जुन का दूर किया
प्रभु चरणों में,कर्म हो अर्पित
जीवन का ये सूत्र दिया

(6)

कुरूक्षेत्र में गूंजी गीता
रक्त लालिमा छाई थी
अपने जब बिछुड़े,अपनों से
युद्ध विजय तब पाई थी

(7)

माँ ने पुत्रों को खोया था
बहनों से,बिछुड़े भाई
रणभूमि जब अटी शवों से
प्यास धरा की,बुझ पाई

(8)

कष्ट हरण व दुष्ट दमन का
ध्येय ले धरा पे आए थे
निर्मोही हो कर्म किए सब
रूप कई दिखलाए थे

(9)

मोर पंख व मुरली ,धर के
जग में इनको मान दिया
हर्ष शोक में स्थिर हो प्रज्ञा
गीता का यह ज्ञान दिया

(10)

कृष्ण है तुझमें,कृष्ण है मुझमें
कृष्ण रचा संसार है
नदिया-नौका छोड़ यहीं पर
जाना अब उस पार है

16. भाग्य

है भाव अगर तेरे वश में
सब शब्द संयमित हो जाएं

वाणी-शब्दों के संयम से
सब कर्म नियंत्रित हो जाए

जब कर्म रहे न उच्छृंखल
तो मन ये निर्मल हो जाए

मन के पावन हो जाने से
जीवन पथ उज्जवल हो जाए

है चरित जो तेरा निष्कलंक
तो भाग्य पक्ष में झुक जाए

जब भाग्य तुम्हारे संग चले
जीवन खुशियों से भर जाए

17. सब खेल वही रचाता हैं

है कली जहाँ खिलती देखो
इक शूल वही उग आता है
इक पुष्प महकता बगिया में
फिर धूल वही मिल जाता है

है प्रेम जहाँ पलता दिल में
वहीं छल भी घात लगाता है
वादे होते है मिलन के जब
इक विरह गीत बन जाता है

इक दीप जगे जब आंगन में
क्यों आंधी से बुझ जाता है
हैं नीड़ बन रहा नया जहाँ
घर उजड़ वहीं इक जाता है

ढंके बजते थे जिनके कल
गुमनाम आज हो जाता है
इठलाता था जो रंग भरे
अब मुख को वही छिपाता है

खुशियाँ जिस आंगन बरसी थी
क्यों रूदन वहाँ से आता है
कैसे उत्सव का कोलाहल
यूँ मातम सा बन जाता है

पाला जिनको इन हाथों से
वो पीड़ा क्यों पहुंचाता है
धनबल यौवन जब साथ न हो
तो द्वार कोई न आता है

विज्ञान ये माने न माने
सब खेल वही रचाता है
तू पायेगा बस उतना ही
जो भाग्य लिखा के लाता है

18. विभाजन

श्रम से जिसका किया था अर्जन
रहा नहीं वो पास
घर आंगन सब छोड़ के आये
बने थे जब दो राष्ट्र

साथी भी अब हुए थे शत्रु
गलियां हुई पराई
बंटवारे ने दिल भी बांटे
खून की नदी बहाई

नफरत की इक आग थी फैली
खंजर हुए थे प्यासे
खुशियों में थे कल तक डूबे
छत वो आज तलाशें

बच्चों ने मां अपनी खोई
और बहनो ने भाई
दो धर्मों के बीच बनी थी
गहरी सी इक खाई

सुख वैभव से रहने वाले
जान बचाकर भागे
मिला आसरा तम्बू में था
बने यू आज अभागे

रोजी रोटी के संकट ने
जीवन को आ घेरा
बस्ता छूटा पोथी छूटी
बचपन बना अंधेरा

सफर शून्य से शुरू किया फिर
मंजिल नई थी पाई
तम की काली रात वो बीती
सुबह नई मुस्काई

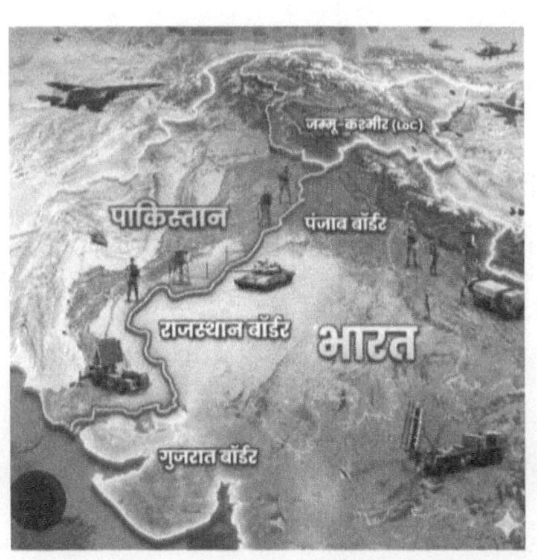

19. जहर

जहर है.... वैभव
डूब के जिसमे
दुख औरों का समझ न पाए

जहर है... विद्या
विनय न देकर
जो दंभी,गुणहीन बनाए

जहर है....धन
जो संचित रहकर
वर्षों तक उपयोग न आए

जहर .... प्रेम है
स्वार्थ टिका जो
एक चोट भी सह न पाए

जहर है.... साथी
देख विपत्ति
अपनों से ही नजर चुराए

जहर है .... पदवी
बिना योग्यता
मस्तक पर आ के सज जाए

जहर है.... भोजन
भूख बिना ही
जिसे उदर में ठूंसा जाए

जहर है..... वाणी
नहीं मधुर जो
और बाण सी दिल चुभ जाए

20. सौ रंग जीवन के

(1)
लेता है कोई जन्म यहाँ
कोई जग छोड़ के जाता है
इक फूल खिले इस बगिया में
इक फूल कहीं मुरझाता है
(2)
सुख-दुःख है सब उसकी माया
फिर किससे तू घबराता है
जीवन है जब कुछ पल का ही
कर ले मन को जो भाता है
(3)
क्या है तेरा, क्या है मेरा
सब छूट यहीं पर जाता है
क्यों कोस रहा है किस्मत को
जो बांटा वापिस आता है
(4)
निर्बल पे जुल्म जो ढाएगा
वो आह से न बच पाएगा
इक श्राप किसी दुखियारे का
सुख चैन लूट ले जाएगा

(5)

सब लीन यहाँ अपने सुख में
और स्वार्थ जुड़ा हर नाता है
मुख मोड़ चले सुख के साथी
जब समय बुरा घिर आता है

(6)

गति कर्मों की तू पायेगा
कोई भी साथ न जायेगा
कर याद तू अपनी करनी को
फिर अंत समय पछतायेगा

(7)

जिनको नाजों से पाला है
दुख जिनका देख न पाता है
वो ही जब शूल चुभो देंगे
मन पीड़ा से भर जाता है

(8)

जीवन की यही कहानी है
हर आंख से बहता पानी है
सह कर सुख-दुख सारे हमने
जीवन की रीत निभानी है

(9)

जो पाया सब खो जाना है
संग तेरे कुछ न जाना है
क्यों लोभ मोह में फंसा है तू
सब धरा यहीं रह जाना है

(10)

सब डोर है उसके हाथों में
किस राह पे वो ले जायेगा
जो लिखा भाग्य में है तेरे
वो ही तुझको मिल पायेगा

(11)

दिन बीते और रात कटी
यूँ उम्र हमारी बीत गई
कुछ आस रही,कुछ स्वप्न बचे
नयना आंसू से रीत गई

(12)
ये ज्ञान, ये तेरी उपलब्धि
कुछ काम नहीं आ पायेगी
मृत्यु जब तेरे द्वार खडी
लेने तुझको आ जायेगी

(13)
थोड़ा तुझको धन मान मिला
सोचा जग जीत लिया तूने
ये शोहरत और सम्मान सभी
बस दो पल का याराना है

(14)
कहीं शोर, कहीं सन्नाटा है
जीवन, सब रंग दिखाता है
उगता है सूरज, भोर में जो
वो सांझ ढले, छिप जाता है

(15)
कितने दिन ये रह पायेंगी
धड़िया दुख की टल जायेंगी
जो धीर धरा मन में तूने
इक नई सुबह उग आयेगी

(16)
घर को जितना रोशन कर ले
तम मन का न मिट पायेगा
मंदिर में दीप जगाने से
क्या मन उजला हो जायेगा

(17)

तंत्र प्रेम का, बहुत जटिल है
सहज नहीं थाह कोई पाए
हाथ पकड़ , संग चलने वाला
मोड़ पे अगले, नज़र न आए

(18)

नश्वर काया को धरे हुए
मिलने की कसमें जन्म जन्म
कोई इस मोड़ पर रूक जाता
उस मोड़ किसी का सफर खत्म

(19)

है भ्रमर पुष्प को ढूंढ रहा
तितली पराग की प्यासी है
सब व्यस्त है क्षुधा बुझाने में
क्या रानी है क्या दासी है

(20)

पर्वत से राह निकाली है
नदियों का रोका पानी है
मन को अपने न जान सका
मानव की यही कहानी है

(21)

जीवन का रण अति भीषण है
यहाँ प्रेम है तो, प्रहार भी है
जो बने मित्र, हैं संग तेरे
हाथों में लिए कटार भी हैं

(22)

दंभ दर्प से मुक्त मति हो
सुख व दुख में एक गति हो
प्रभु अर्पित जब कर्म का फल हो
सब मंगल हो ! सब मंगल हो !

(23)

करके काया का यूँ श्रृंगार
क्यों रूप पे तू इतराता है
कल प्राण तजेगें जब इसको
तन फिर मिट्टी हो जाता है

(24)

फूल खिला, मंडराए भंवरे
मुरझाया तो छोड़ चले
बंधे स्वार्थ से है जो रिश्ते
गरज हटी मुख मोड़ चले

(25)

पूर्ण नहीं जब कोई धरा पर
मन तेरा फिर क्यों उदास है
रिक्त सभी हैं थोड़े ज्यादा
जीवन में कैसा विषाद है

(26)

आँगन कोयल,गाये कैसे
न वृक्ष कोई,तेरे घर में
तितली-चिड़िया,आये कैसे
तू छोड़ धरा,अटका नभ में

(27)

इस राह पे पायी है खुशियाँ
उस राह पे, पीड़ा झेली है
है इस चौराहे छांव घनी
उस मोड़ पे, विकट पहेली है

(28)

न रहो अगर तुम दुनिया में
अंतर कोई न आना है
सूरज उतना ही चमकेगा
फिर चांद वही उग आना है

(29)
बुझ जाए दीपक की बाती
फिर तेल भरा रह जाता है
जब प्राण देह को त्यागे हैं
तन मुर्दा ही कहलाता है

(30)
कांटों की अपनी दुनिया है
चुभ के अहसास दिलाते हैं
पुष्पों में तुम मत खो जाना
कुछ हम भी भाग्य तुम्हारें हैं

(31)
ये सूर्य ताप का वाहक है
और चन्दा बांटे शीतलता
दुर्जन विष धर के फिरते हैं
सत् जन महके ज्यों पुष्पलता

(32)
जीवन की राहें अनजानी
किस मोड़ पे क्या घट जाना है
इस पल जो नभ में उड़ता है
पल अगले धरा पे आना है

(33)
इस राह पे कोई मिलता है
उस मोड़ पे वो खो जाता है
ये मिलन विरह ही जीवन है
सब पल दो पल का नाता है

(34)

जिस नजर से देखोगे दुनिया
जग वैसा ही दिख जायेगा
है भले को लगते सभी भले
और बुरा, बुरो को पायेगा

(35)

तम गहरा है मन को घेरे
सुख बैठा है मुंह को फेरे
क्या आस रखू, औरों से जब
हैं साथ नहीं, अपने मेरे

(36)

हिरण कुलांचे भर रहा
मछली तरती जाए
बना प्रमादी क्यों मनुज
श्रम से ही घबराए

(37)

कुछ खोना है कुछ पाना है
हर दिन इक नया बहाना है
सुमिरन का समय नहीं हमको
जीवन यूँ ही कट जाना है

(38)

छल से किया है, जो भी संचय
धन-गाड़ी-आवास
सुख ना आया, फिर भी हिस्से
दुख का इनमें वास

(39)
जीवन क्या है
इक इंद्रधनुष
रंगों से भरी कहानी है
है हँसी कभी
और कभी रूदन
पल अगले से अनजानी है

(40)
हम मनुजो को गढा प्रभु ने
इक दूजे से विपरीत
बंधे प्रीत की डोरी से जब
जगे दिलो में प्रीत

(41)
तूने समझा जिनको कंकड़
वो निकले असली मोती
साधु में दिख जाता रावण
वन में न सीता खोती
(42)
झूम उठे अनुकूल समय में
और बुझे प्रतिकूल में
स्वप्न सजाए आसमान के
पल मिल जाए धूल में
(43)
वर्ष-माह-दिन बीत चले हैं
उम्र कहाँ थम पाती है
शैशव-यौवन-प्रोढ़-वृद्ध फिर
काया भी ढल जाती है
(44)
दुख ही न आए, जीवन में
ऐसा तो वरदान नही
दुख ही न हो, जब जीवन मे
सुख की भी पहचान नही
(45)
युग बीते, सदियाँ बीती
ये पल भी कल ढल जायेगा
आंधी उड़कर थक जायेगी
दीपक फिर जग जायेगा

(46)
जीना है किसको युगों-युगों
सब दो दिन के मेहमान है
कर संचय किंचित धनबल का
मत भ्रम कर बड़ा महान है

(47)
ये स्वप्न तेरे, तेरी उड़ान
पाना चाहे, सब आसमान
जाना है छोड़, यहीं सब कुछ
पाया जो भी ये धन व मान

(48)
निशा ये काली बीत गई जब
सुबह सुनहरी आई है
जेठ तपी प्यासी धरती पर
सावन बदली छाई है

(49)
न फूलों की सेज है जीवन
न कांटों भरा बिछौना है
खेल है ऐसा, जिसमें सबको
पाकर सब कुछ खोना है

(50)
भ्रम कई है, तथ्य है एक
झूठ कई है, सत्य है एक
सुख के पीछे भटक रहे सब
सुखी वही जो दिल से नेक

(51)

विकसित कर विज्ञान मनुज ने
रोगों को पहचाना है
लोभ का नही निदान कोई
ये रोग बहुत पुराना है

(52)

क्यों दुख अतीत दे जाता है
कल सुख की आस बंधाता है
है वर्तमान ही पास तेरे
क्यों इससे नज़र चुराता है

(53)

कांटों को मित्र बनाकर जब
फूलों सा तुम मुस्काओगे
दुख के काले बादल से भी
इक किरण चुरा ही लाओगे

(54)

है हृदय तेरा मुट्ठी भर का
अनवरत ये स्पंदन करता है
धड़कन इसकी रूक जाये जब
तब प्राण देह को तजता है

(55)

सहज सरल जीवन कटे
द्वेष न कोई रोष
गुजरे उम्र आनंद से
अंत रहे संतोष

(56)

द्वंद अहम का रिश्ते तोड़े
सुमन संग है कांटे थोड़े
जीवन नहीं है छांव घनेरी
सहने होंगे गरम थपेड़े

(57)

कली आज है दंभ भरी
कि भ्रमर कई मंडराते है
रूप गया लावण्य गया
न कीट पतंगें आते हैं

(58)
समय अनवरत चल रहा
रूके न काल प्रवाह
आज जो रत्नों से सजा
हो कल अग्नि में स्वाह

(59)
जीवन है
इक समझौता
हर हाल में दिल बहलाना है
कुसुम सुखो के
दुख के कंटक
सबको गले लगाना है

(60)
गुजरी सदियाँ,युग बीत गये
कई नदियाँ सागर, रीत गए
फिर भी जग भ्रम को पाले है
दुनिया को हमीं संभाले हैं

(61)
सोकर हम फिर जग जाते हैं
दिन यूँ ही कटते जातें हैं
राहों पर मिलते लोग कई
मन में, कुछ ही बस पाते हैं

(62)
तन पर कैसा है इठलाना
इसको तो माटी बन जाना
पद-धन का क्यूँ दंभ करे है
अंत तो कंधों पर ही जाना

(63)
स्वार्थ जुड़े रिश्ते है सब
हृदय नहीं नेह धार
विपदा जब घेरे हमें
परखा जाए प्यार

(64)
स्नेह भरा, मन कभी यूँ छलके
भीतर चाह हजारों भरके
अनजानों से जोड़े रिश्ते
और रहे फिर उन संग बंधके

(65)
उड़े कभी मन गगन से ऊंचा
कभी निराशा छोड़ न पाए
कभी पुष्प सा खिलकर महके
कभी सभी से नज़र चुराए

(66)
कभी खुशी से मन हो जगमग
सुख अपना सबको दिखलाए
कभी चांद अमावस बनकर
ओट अन्धेरों की छिप जाए

(67)

खुशियों के रंगों में रंगकर
प्रेम भरी होली मन खेले
भटके हुए मुसाफिर सा फिर
निर्जन पथ पर चले अकेले

(68)

जीवन है क्या
इक इम्तिहान
है सहज न इसका समाधान
नित नई चाह
और नये प्रश्न
मन को करते है परेशान

(69)

कभी लगे सागर सा गहरा
अथाह अगम न बूझा जाए
कभी है मन, किताब खुली सी
हर कोई जिसको पढ़ पाए

(70)

कोई भागे धन के पीछे
कोई रुप का है प्यासा
मोह के बंधन टूट न पाए
न हो पूरी अभिलाषा

(71)

रिश्ते हमने खूब बनाए
कुछ दूरी सब साथ निभाएं
इस दोराहे मिले कोई तो
उस चोराहे छोड़ के जाए

(72)

बगिया जब महकी पुष्पों से
रस पीने भंवरे उड़ आए
घिर आए जब दुख के बादल
अपने भी न साथ निभाएं

(73)

जन्मा जो,मृत्यु पाना है
लाये क्या,जो ले जाना है
तोड़ के माया के सब बंधन
इक दिन शून्य में मिल जाना है

(74)

आंसू से भीगी हैं पलकें
हर पल रिश्ते रंग बदलते
जिन पर सब कुछ किया था अर्पित
आज वही संग छोड़ के चल दे

(75)

भाग्य लिखा, हिस्से आना है
खोकर भी,सब पा जाना है
खुशियाँ जिसने बहुत बटोरीं
कुछ दुख भी तो अपनाना है

(76)
जिंदगी का सार है
जीत है न हार है
दिन बचे जो चार है
तुम ख़ुशी गुजार दो

(77)
बिखर रही है आज जिंदगी
निखर के कल मुस्काएगी
आंसू की जो बर्फ जमी है
नयनों से बह जाएगी

(78)
तिनका कर ले, अभिमान मगर
आंधी संग सब उड़ जाना है
मणिको से सज्जित सुंदर तन
अग्नि में अंत समाना है

(79)
जीवन क्या है
इक पुस्तक है
हर पृष्ठ पे नई कहानी है
पढने की फुरसत
है किसको
हो जैसी उसे निभानी है

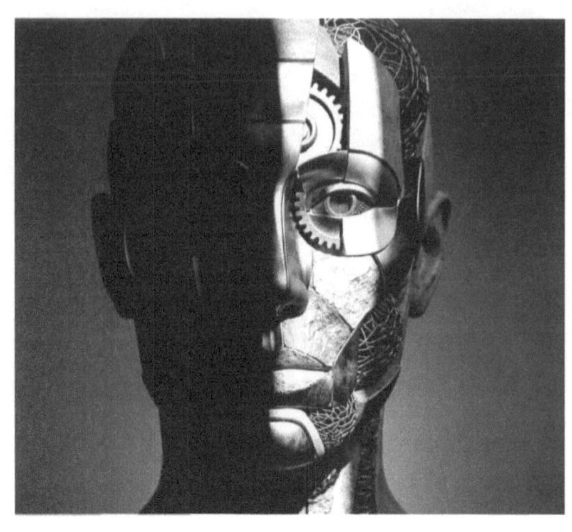

(80)
बो कर कांटे सब के पथ पर
हम मन ही मन मुस्काएगें
कल शूल यही पग में धंस कर
अपना भी लहू बहायेंगे

(81)
भक्ति का ढोंग रचाकर तुम
क्या भाव शुद्ध कर पाओगे
इस झूठ कुटिलता से कब तक
सच को यूँ ही झुठलाओगे

(82)
है काल प्रबल, न करे क्षमा
फल कर्मो का तो पाना है
जब पीड़ा बांटी जीवन भर
फिर हिस्से, दुख ही आना है
(83)
खिलते, इन सुंदर पुष्पों से
गर, मन न हर्षा पाओगे
उलझे इन खेल प्रपंचों में
ये जीवन, व्यर्थ गंवाओगे
(84)
जीवन है इक
उड़ती पतंग
न जाने कब कट जायेगी
उम्र की चरखी
खाली होगी
ढील कहाँ से आयेगी
(85)
जीवन की कैसी माया है
कहीं धूप कहीं पर छाया है
है डोर बंधीं कठपुतली सब
और धरे ये नश्वर काया है

(86)
रूठे जो उन्हें मनाना है
दुख छोड़ के फिर मुस्काना है
जो फूल धरा पर गिरा हुआ
माला में उसे सजाना है
(87)
जब ताप लगे
जल भाप बने
हो जाता है नभ में विलीन
जब प्राण तेरे
ये देह तजे
हो जाता है सब ब्रह्मलीन

(88)

कृष्ण बजाए बांसुरी
अर्जुन साधे बाण
ज्ञान कर्म के संगम से
यश पाये इंसान

(89)

त्याग 'श्रेय' को, 'प्रेय' के पथ पर
चलने की जब चाह जगी
मिला नहीं सुख और भटक के
रात ये काली स्याह मिली

(90)

सफल मनुज को ही जग जाने
कोई विफल को न पहचाने
दिखे वही जो नाम है रोशन
धूल से मोती कोई न छाने

(91)

जीवन के मझधारे में अब
तृष्णाएं भी शरमाई है
डूब योग ध्यान में हमने
समझ ये गहरी पाई है

(92)

घुला हुआ है आज रक्त में
सबके इक उन्माद
सब सुख, मैं और मेरे पाएं
है बस यही विवाद

(93)

पाप ज्ञान को आ ढके
ज्यों दर्पण ओढ़े धूल
काम-लोभ वशीभूत हो
हम कर्म करें प्रतिकूल

(94)

'धन' न बोले, 'नाम' न बोले
कर्म तेरे सब बोले हैं
मुख से चाहे, शब्द न बोले
मौन राज़ सब खोले है

(95)

चेहरे से लगते कुलीन
पर करें घिनौने काम
न पापों का भय इन्हें
और न लज्जा का नाम

(96)

गंध न कोई देख सका
न सूरज को छू पाया है
उम्र किसी से नहीं बंधीं
न प्रेम किसी वश आया है

(97)

धन रीता फिर भर जाएगा
क्षीण हुआ बल भी पाएगा
टूटा जो इक बार भरोसा
कभी नही फिर जुड़ पाएगा

(98)

तन है मृत्यु लोक का वासी
मन है हर सुख का अभिलाषी
तन को मिट्टी हो जाना है
मन को प्रभु शरण आना है

(99)

हर स्वप्न कहाँ पूरा होता
हर कंठ को न मिलती माला
हर बीज वृक्ष का रूप न ले
हर लौ न बन पाती ज्वाला

(100)
जीवन है
इक रणभूमि
जो हारा, मृत्यु पाना है
जब काल करे
है वार प्रबल
सब बांध के वापिस जाना है

www.ingramcontent.com/pod-product-compliance
Lightning Source LLC
Chambersburg PA
CBHW031458130726
47989CB00003B/1454